SWEETIERAPTORS

A Book o Scots Dinosaurs

Susan Rennie

Illustrations by Julie Lacome

With thanks to the bairns and teachers at
Seabeach Nursery, Portobello, where this book started.

First published 2003
by Itchy Coo

A Black & White Publishing and Dub Busters Partnership
99 Giles Street, Edinburgh EH6 6BZ

ISBN 1 902927 58 3

Text copyright © Susan Rennie

Illustrations copyright © Julie Lacome

The right of Susan Rennie to be identified
as author of this work has been asserted
by her in accordance with the
Copyright, Designs and Patents Act 1988.

A CIP catalogue record for this book
is available from The British Library.

Scottish
Arts Council
LOTTERY FUNDED

Cover design by Creative Link

Printed and bound by Scotprint

Dae Sweetieraptors eat broon rice?

Naw! Jeelie beans an chocolate mice.

Wha pirouettes across the groond?

Birlosaurs gaein roond an roond.

Will Dreichosaur come oot tae play?

No him! He girns an greets aw day.

Whase feet are muddy? Can you guess?

A Clartydactyl – whit a mess!

Whit dae Plowterdons like tae dae?

Paidle in dubs an dook their taes.

Would a Jaggysaur feel nice an saft?

Wi spikes like that? Dinna be daft!

Can you hear *bagpipes* stert tae blaw?

It's a baby Skirlodon, that's aw!

The fastest rinners ye'll ever see

Are . . . Wheechosauruses, naturally!

The hail earth quivers wi the shock

Whan Shooglypods gae for a walk.

A Keekosaur has een that see

Tae the faur side o the galaxy.

This *isna* a taigelt pile o strae.

It's Tousietops on a bad hair day.

If Nebosaurus gies a sneeze,

She blaws doon thirty thoosand trees.

Look close noo . . . closer. Can you see?

The Scootiesaur is *awfie* wee.

Rin quick! Something's comin for us!

Here comes a hungry . . .

Radgeosaurus!!

New tae Scots?

birlin means turnin roond an roond
a dreich thing is dull an dismal
clarty things are gey dirty an stourie
plowterin is splashin an playin in watter
jaggy things stick oot an can prick ye
whan something skirls, it maks a lood skreichin noise
if something wheechs past, it is gaein awfie fast
a shoogly thing is gey unsteady an wobbles aboot
keekin at something means lookin or peekin at it
tousie hair is aw shaggy an messy
ye yaise yer neb tae sniff an smell
scootie things are gey wee (ye cud say tottie as weel)
if ye're radge, ye're in an awfie bad mood

Ye'll see these word-endins in lots o dinosaur names. Try makkin up some new craiturs by jinin them ontae ither Scots words ye ken, eg Sookosaur, Tattieraptor; or mak the hail names in Scots, eg Clartyfit, Tousieheid.

-saur an –saurus mean 'lizard'
-dactyl means 'tae' or 'finger'
-pod means 'fit'
-raptor means 'stealer' or 'snatcher'
-tops means 'heid'